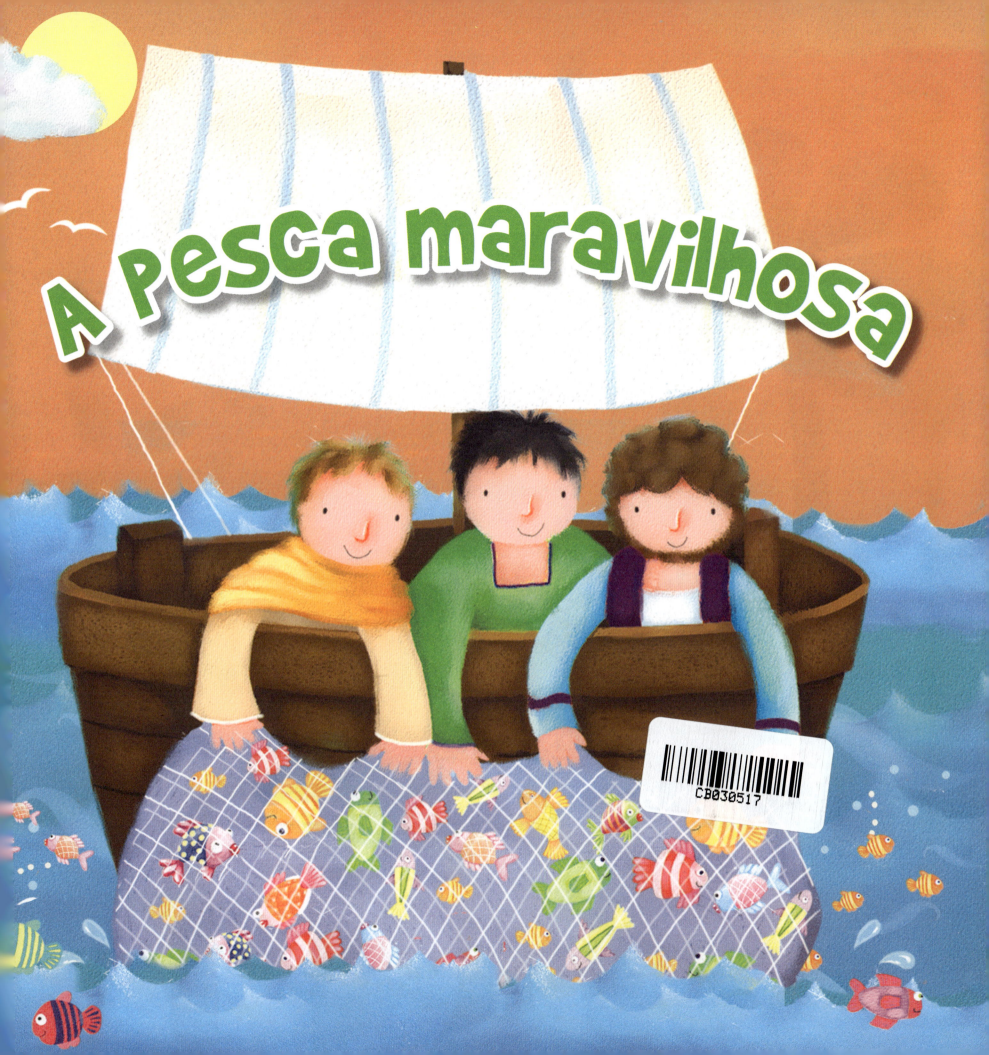

A leitura é um gesto de afeto, que aproxima adultos e crianças. Para que esse momento seja ainda mais divertido, damos algumas dicas:

• Leia a história várias vezes e descubra tudo sobre ela; pense nos personagens e nas imagens que ela traz à sua mente.

• O gestual é muito importante para a história, é a extensão da palavra falada. O corpo deve falar ao mesmo tempo que a voz.

• O tom, o timbre, a amplitude e o ritmo da voz abrem espaço na imaginação do ouvinte. Variar o tom, quebrar o ritmo, dar voz ao silêncio, tudo isso ajuda a dar vida para a narrativa.

• Acredite sempre no que você estiver contando. Se o contador não acredita no que diz, dificilmente seu público vai acreditar.

BOA LEITURA!

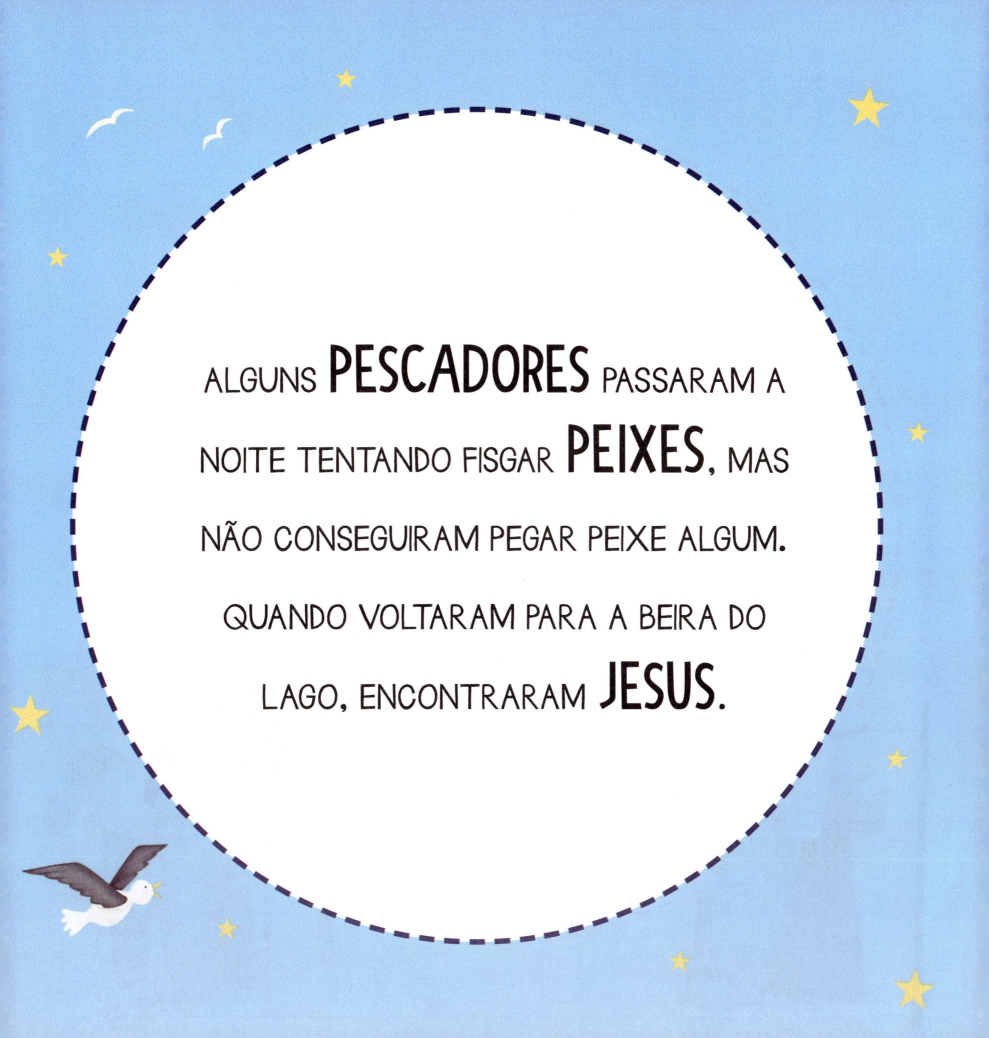

ALGUNS **PESCADORES** PASSARAM A NOITE TENTANDO FISGAR **PEIXES**, MAS NÃO CONSEGUIRAM PEGAR PEIXE ALGUM. QUANDO VOLTARAM PARA A BEIRA DO LAGO, ENCONTRARAM **JESUS**.

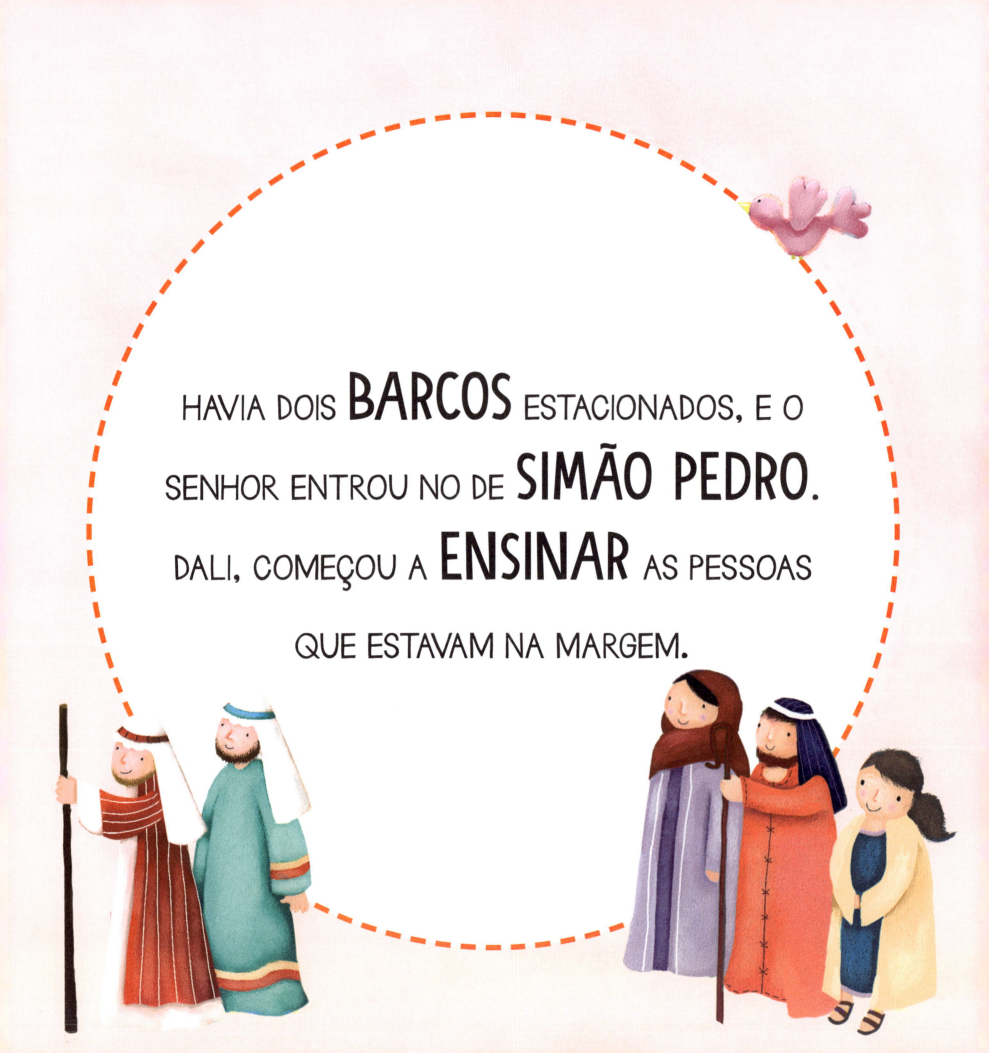

HAVIA DOIS **BARCOS** ESTACIONADOS, E O SENHOR ENTROU NO DE **SIMÃO PEDRO**. DALI, COMEÇOU A **ENSINAR** AS PESSOAS QUE ESTAVAM NA MARGEM.

QUANDO TERMINOU DE FALAR, JESUS PEDIU PARA **PEDRO** SE AFASTAR DA MARGEM E LANÇAR A **REDE** DE PESCA NOVAMENTE.

O PESCADOR LANÇOU A REDE NO **MAR**, ACREDITANDO NA **PALAVRA** DE JESUS.

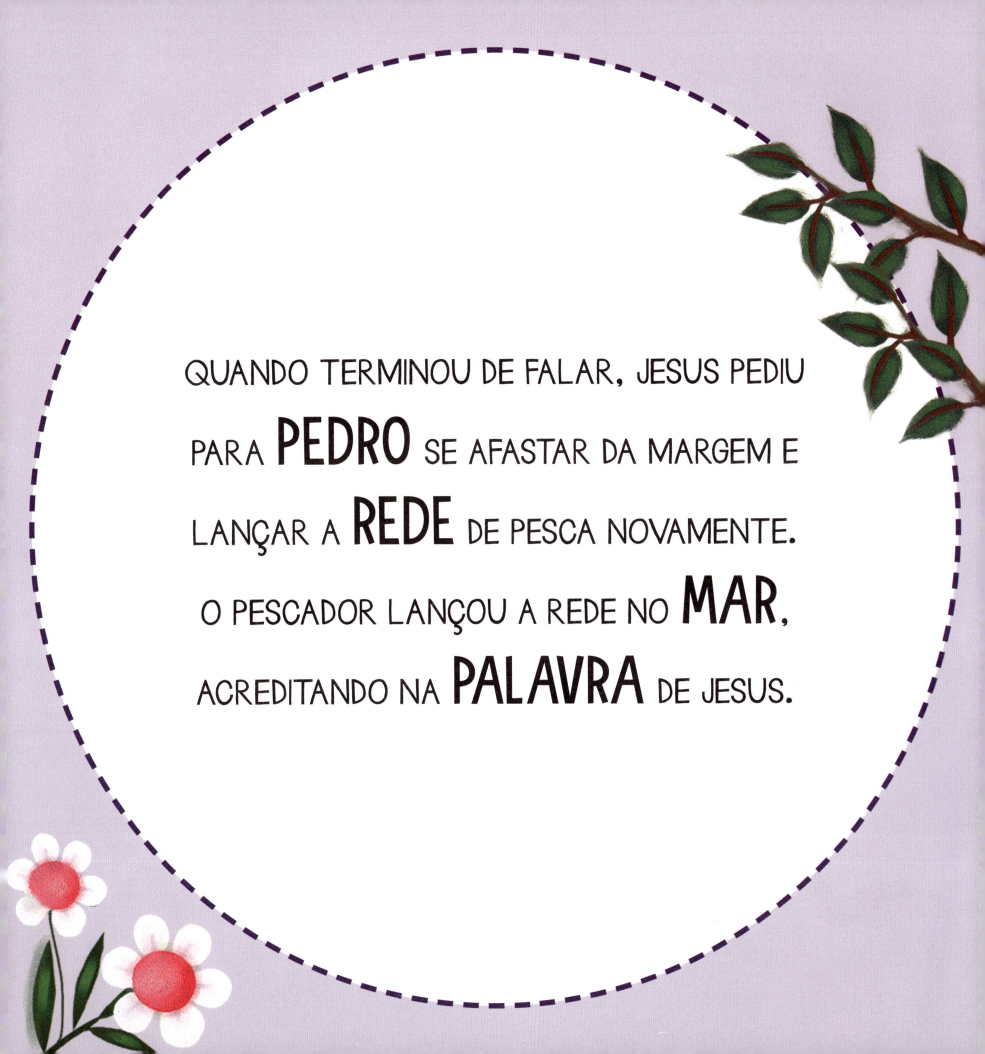

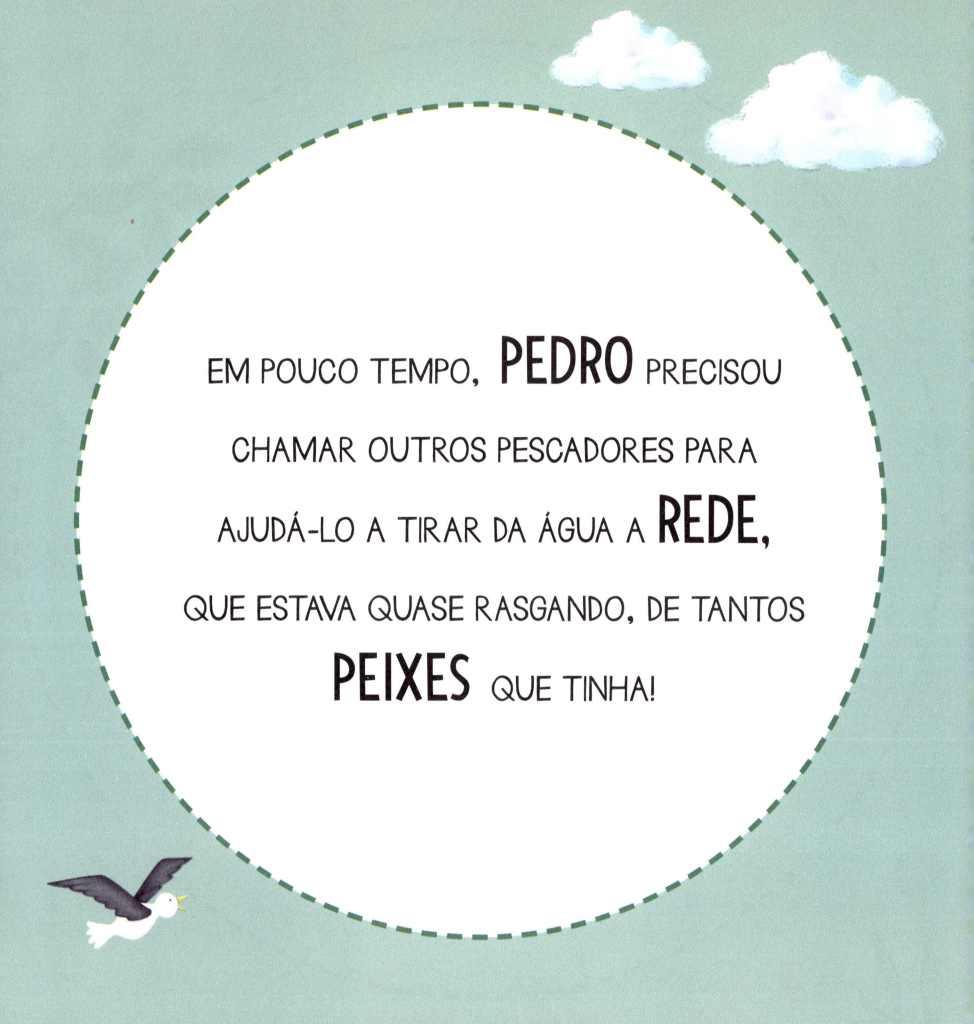

EM POUCO TEMPO, **PEDRO** PRECISOU CHAMAR OUTROS PESCADORES PARA AJUDÁ-LO A TIRAR DA ÁGUA A **REDE**, QUE ESTAVA QUASE RASGANDO, DE TANTOS **PEIXES** QUE TINHA!

NESSE MESMO DIA, **PEDRO** E OUTROS PESCADORES DEIXARAM SUAS TAREFAS E PASSARAM A SER **DISCÍPULOS** DE **JESUS**.